글로벌 근무자를 위한 영어 필기체 쓰기

초·중·고생 및 유학준비생을 위한 연습용 교재

대통령 명품영어 필기체 연필로 따라 쓰기

한국두뇌개발교육원 손 동 조 원장 저

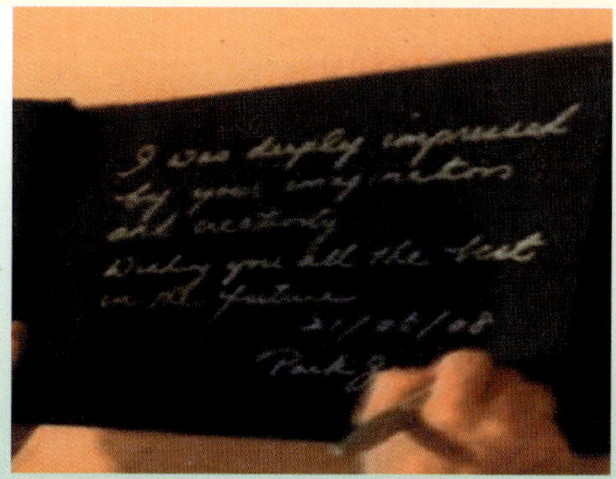

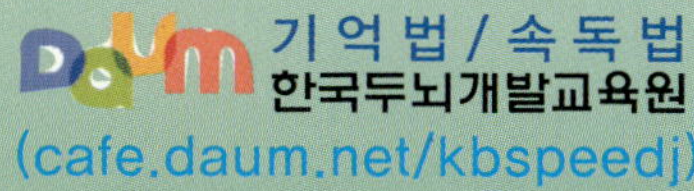

남양문화

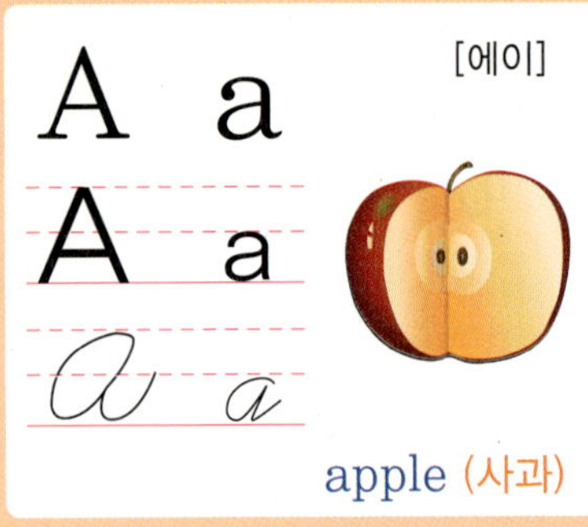

THE AL

A a [에이]

A a

A a

apple (사과)

C c [시이]

C c

C c

cow (소) 젖소

D d [디이]

D d

D d

doll (인형)

E e [이이]

E e

E e

eraser (지우개)

I i [아이]

I i

I i

iguana (이구아나)

J j [제이]

J j

J j

jacket (자켓)

K k [케이]

K k

K k

kite (연)

O o [오우]

O o

O o

owl (올빼미)

P p [피이]

P p

P p

pizza (피자)

Q q [큐우]

Q q

Q q

quill (깃털)

U u [유우]

U u

U u

umbrella (우산)

V v [뷔이]

V v

V v

van (승합차)

W w [더블유우]

W w

W w

worm (지렁이)

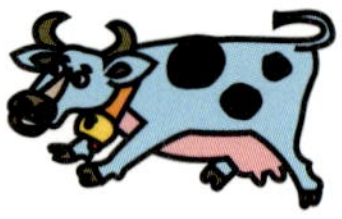

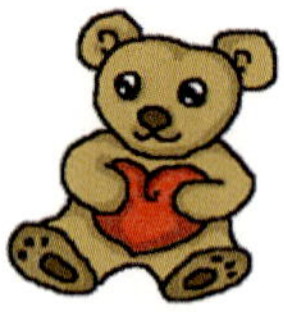

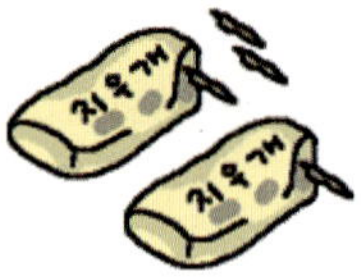

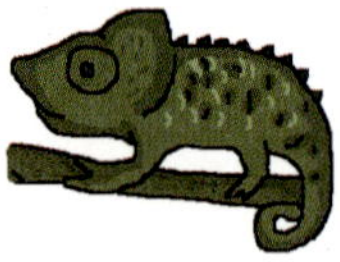

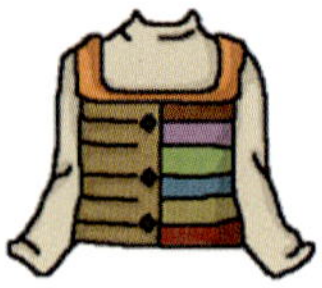

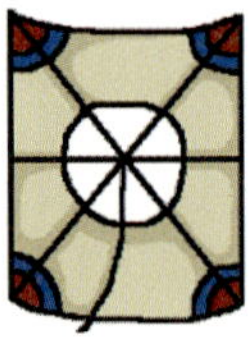

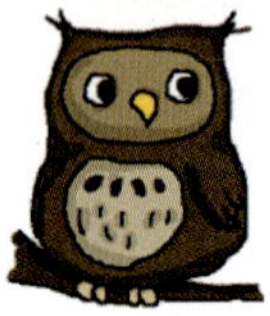

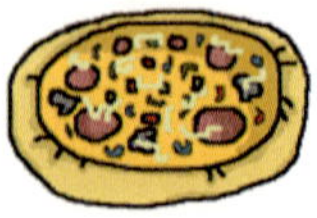

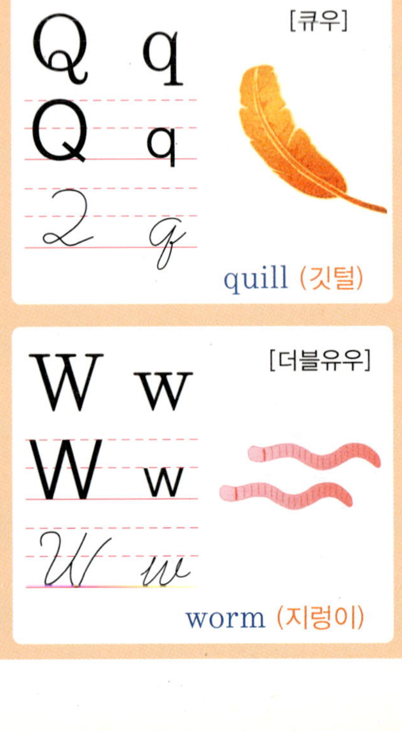

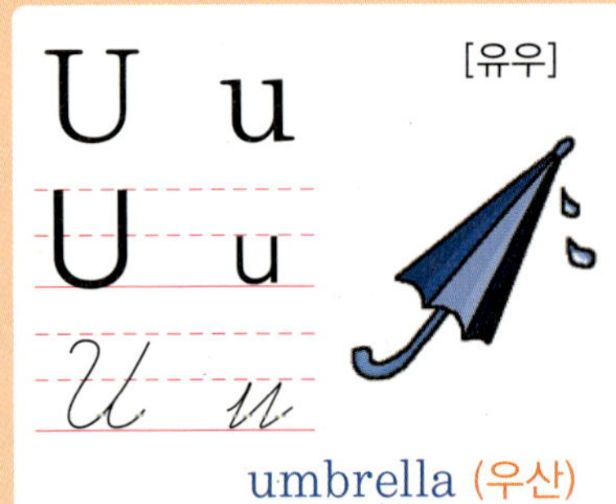

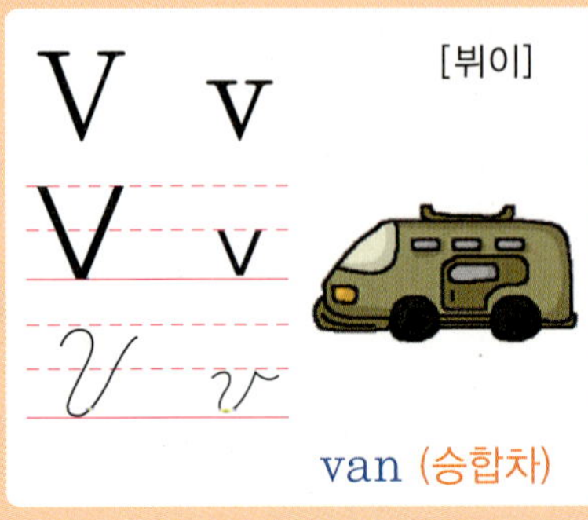

PHABET

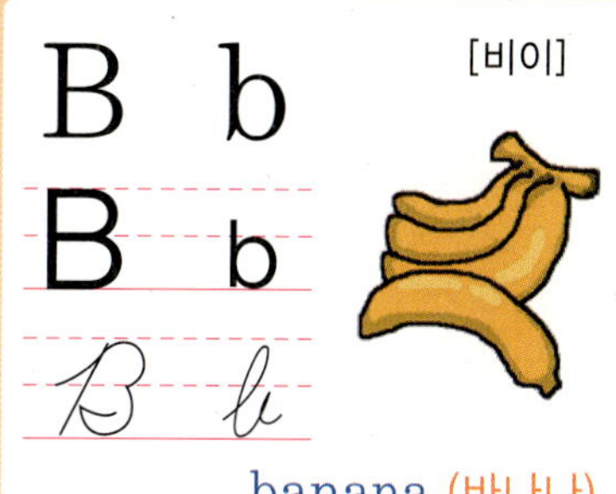
B b
[비이]
banana (바나나)

F f
[에프]
frog (개구리)

G g
[지이]
gloves (장갑)

H h
[에이치]
hat (모자)

L l
[엘]
lollipop (막대사탕)

M m
[엠]
mouth (입)

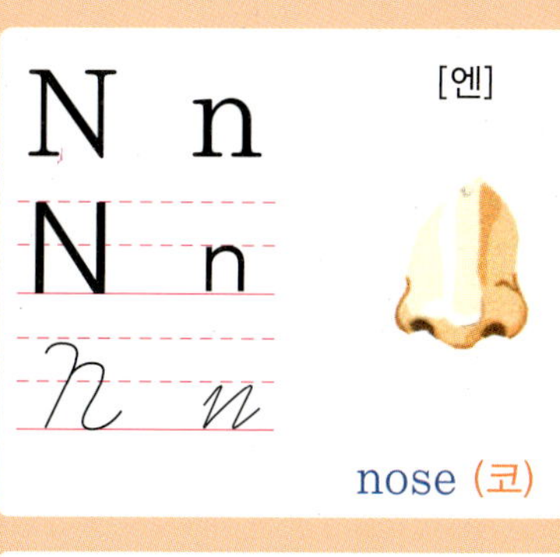
N n
[엔]
nose (코)

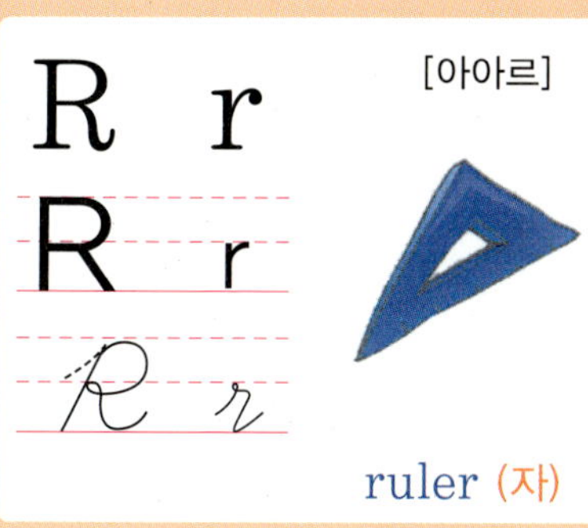
R r
[아아르]
ruler (자)

S p
[에스]
seal (물개)

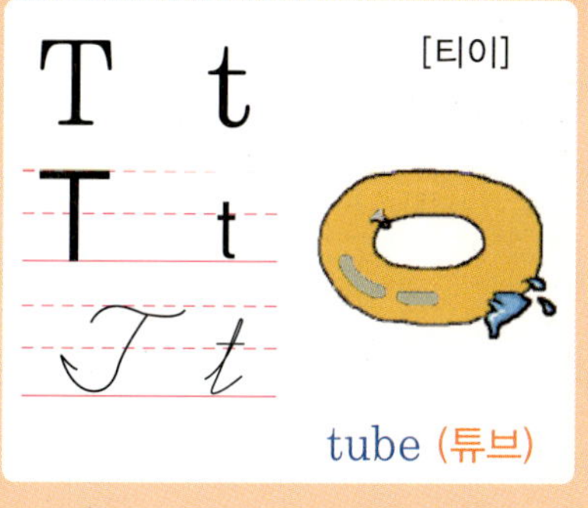
T t
[티이]
tube (튜브)

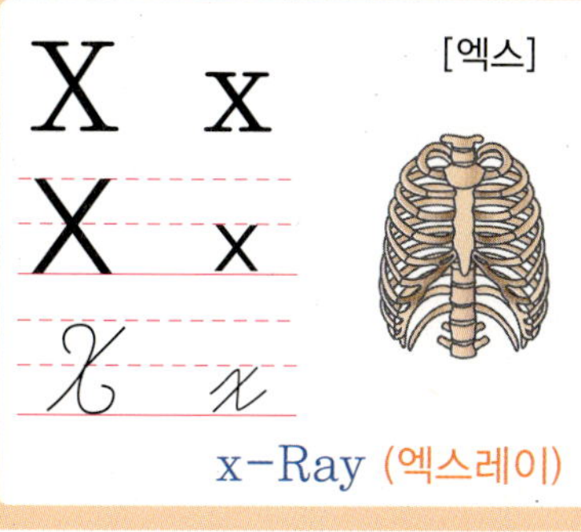
X x
[엑스]
x-Ray (엑스레이)

Y y
[와이]
yak (들소)

Z z
[지이]
zoo (동물원)

머 리 말

박근혜 대통령께서 외국방문 때 방명록에 쓴 영어 필기체 글씨에 감명을 받아 우리 국민 모두가 명품 글씨체가 되길 바라는 마음에서 영어 필기체 쓰기 연습용 교재를 만들게 되었습니다.

세계화 시대에 맞추어 영어권 문화 영향으로 우리나라도 유아영어를 포함한 영어의 말하기가 교육이 일상화되어 있다.

국외여행이나 유학이 자유로워지면서 영어 회화는 능숙하게 잘하지만, 영어 필기체 쓰기연습이 없이는 문장을 자유롭게 쓰는 것에 대하여 어려움이 따르게 된다.

학생들이 어릴 때부터 컴퓨터와 스마트폰 기기에 익숙하다 보니 영어필기체 쓰기를 어렵게 생각하고 있다. 필기체는 연습 없이 보편적으로 잘 쓸 수 없게 되면서 영어 글씨쓰기를 점점 멀리하게 되는 것이다.

영어 필기체는 미국 외에도 많은 나라가 필기체를 배우고 사용하고 있다.

우리나라에서도 외국인 회사에 근무하는 사람이나 유학을 준비하는 학생 및 국외 사무직에 근무하는 사람들은 필수적으로 영어필기체를 잘 쓸 수 있어야 한다.

영어 글씨를 잘 쓰면 사회생활과 더불어 모든 경쟁력에서도 남보다 앞서 갈 수 있다.

특히, 아이들에게 영어필기체 교재의 목적은?

1. 영어글씨를 바르게 쓰는 습관을 기른다.
2. 빠르고 정확하게 영어 이어 쓰기를 실천한다.
3. 글씨쓰기 연습을 통하여 인성교육을 배운다.
4. 글씨를 예쁘게 쓸 수 있다면 영어공부가 더 재밌다.
5. 정확하고 바른 필기체 글씨를 쓰면서 집중력을 기른다.

미래의 꿈나무인 많은 아이들에게 글로벌시대에 꼭 필요한 교육용 교재로 추천합니다.

이 교재로 영어 필기체 연습을 열심히 하여 예쁘고 멋있게 영어를 잘 쓰는 필력으로 자신의 미래를 향해 꿈을 펼쳐 나가길 바라며, 모두가 글로벌 리더가 되시길 기원합니다.

저자 **손 동 조**

차 례

1 영어 알파벳 필기체 대문자 따라 쓰기

✽ 아래 영어 알파벳을 쓰기 순서에 따라 연필로 천천히 써 보세요.

[알파벳 A~I까지 쓰기 1]

A B C D E F G H I

[알파벳 A~I까지 쓰기 2]

A B C D E F G H I

[알파벳 A~I까지 쓰기 3]

A B C D E F G H I

[알파벳 J~R까지 쓰기 1]

J K L M N O P Q R

[알파벳 J~R까지 쓰기 2]

J K L M N O P Q R

[알파벳 J~R까지 쓰기 3]

J K L M N O P Q R

2 영어 알파벳 필기체 대문자 따라 쓰기

✲ 아래 영어 알파벳을 쓰기 순서에 따라 연필로 천천히 써 보세요.

[알파벳 S~Z까지 쓰기 1]

[알파벳 S~Z까지 쓰기 2]

[알파벳 S~Z까지 쓰기 3]

[알파벳 A~Z까지 연속 쓰기]

1 영어 알파벳 필기체 소문자 따라 쓰기

✲ 아래 영어 알파벳을 쓰기 순서에 따라 연필로 천천히 써 보세요.

[알파벳 a~i까지 쓰기 1]

a b c d e f g h i

[알파벳 a~i까지 쓰기 2]

a b c d e f g h i

[알파벳 a~i까지 쓰기 3]

a b c d e f g h i

[알파벳 j~r까지 쓰기 1]

j k l m n o p q r

[알파벳 j~r까지 쓰기 2]

j k l m n o p q r

[알파벳 j~r까지 쓰기 3]

j k l m n o p q r

2 영어 알파벳 필기체 소문자 따라 쓰기

✽ 아래 영어 알파벳을 쓰기 순서에 따라 연필로 천천히 써 보세요.

[알파벳 s~z까지 쓰기 1]

s t u v w x y z

[알파벳 s~z까지 쓰기 2]

s t u v w x y z

[알파벳 s~z까지 쓰기 3]

s t u v w x y z

[알파벳 a~z까지 연속 쓰기]

a b c d e f g h i

j k l m n o p q r

s t u v w x y z

a~z 알파벳 필기체 이어 쓰기 [1]

아래 이어진 영어 알파벳을 선 따라 연필로 천천히 써 보세요.

abcdefghijklmnopqrstuvwxyz

abcdefghijklmnopqrstuvwxyz

abcdefghijklmnopqrstuvwxyz

abcdefghijklmnopqrstuvwxyz

abcdefghijklmnopqrstuvwxyz

abcdefghijklmnopqrstuvwxyz

a~z 알파벳 필기체 이어 쓰기 [2]

아래 이어진 영어 알파벳을 선 따라 연필로 천천히 써 보세요.

abcdefghijklmnopqrstuvwxyz

abcdefghijklmnopqrstuvwxyz

abcdefghijklmnopqrstuvwxyz

abcdefghijklmnopqrstuvwxyz

abcdefghijklmnopqrstuvwxyz

abcdefghijklmnopqrstuvwxyz

a~z 알파벳 필기체 이어 쓰기 [3]

아래 이어진 영어 알파벳을 선 따라 연필로 천천히 써 보세요.

abcdefghijklmnopqrstuvwxyz

abcdefghijklmnopqrstuvwxyz

abcdefghijklmnopqrstuvwxyz

abcdefghijklmnopqrstuvwxyz

abcdefghijklmnopqrstuvwxyz

abcdefghijklmnopqrstuvwxyz

one~ six까지

numbers를 영어 필기체로 쓰기 [1]

아래 이어진 영어 단어를 선 따라 연필로 천천히 써 보세요.

[1] 원 one

one one one one one one one

[2] 투 two

two two two two two two

[3] 쓰리이 three

three three three three three

[4] 포오 four

four four four four four four

[5] 파이브 five

five five five five five five

[6] 식스 six

six six six six six six

numbers를 영어 필기체로 쓰기 [2]

아래 이어진 영어 단어를 선 따라 연필로 천천히 써 보세요.

[7] 세븐 seven

seven seven seven seven

[8] 에잇 eight

eight eight eight eight eight

[9] 나인 nine

nine nine nine nine nine nine

[10] 텐 ten

ten ten ten ten ten ten

[11] 일레븐 eleven

eleven eleven eleven eleven

[12] 트웰브 twelve

twelve twelve twelve twelve

thirteen~
eighteen까지

numbers를 영어 필기체로 쓰기 [3]

아래 이어진 영어 단어를 선 따라 연필로 천천히 써 보세요.

[13] 서어티인 thirteen

thirteen *thirteen* *thirteen*

[14] 포오티인 fourteen

fourteen *fourteen* *fourteen*

[15] 피프티인 fifteen

fifteen *fifteen* *fifteen* *fifteen*

[16] 식스티인 sixteen

sixteen *sixteen* *sixteen*

[17] 세븐티인 seventeen

seventeen *seventeen* *seventeen*

[18] 에이티인 eighteen

eighteen *eighteen* *eighteen*

numbers를 영어 필기체로 쓰기 [4]

아래 이어진 영어 단어를 선 따라 연필로 천천히 써 보세요.

[19] 나인티인 nineteen

nineteen *nineteen* *nineteen*

[20] 트웬티 twenty

twenty *twenty* *twenty*

[30] 서어티 thirty

thirty *thirty* *thirty* *thirty*

[40] 포오티 forty

forty *forty* *forty* *forty* *forty*

[50] 피프티 fifty

fifty *fifty* *fifty* *fifty* *fifty*

[60] 식스티 sixty

sixty *sixty* *sixty* *sixty* *sixty*

seventy~
million까지

numbers를 영어 필기체로 쓰기 [5]

아래 이어진 영어 단어를 선 따라 연필로 천천히 써 보세요.

[70] 세븐티 seventy

seventy *seventy* *seventy*

[80] 에이티 eighty

eighty *eighty* *eighty*

[90] 나인티 ninety

ninety *ninety* *ninety*

[100] 원 헌드레드 one hundred

one hundred *one hundred*

[1,000] 싸우전드 thousand

thousand *thousand*

[1,000,000] 밀리언 million

million *million* *million* *million*

apple~cherry까지
fruits를 영어 필기체로 쓰기 [1]

✽ 아래 영어 단어를 필기체로 선 따라 천천히 연필로 써 보세요.

[사과] 애플 apple

apple apple apple apple

apple apple apple apple

[바나나] 버내너 banana

banana banana banana

banana banana banana

[앵두] 체리 cherry

cherry cherry cherry cherry

cherry cherry cherry cherry

grapes~lemon까지

fruits를 영어 필기체로 쓰기 [2]

✲ 아래 영어 단어를 필기체로 선 따라 천천히 연필로 써 보세요.

[포도] 그레이프 grapes

grapes grapes grapes grapes

grapes grapes grapes grapes

[키위] 키위 kiwi

kiwi kiwi kiwi kiwi kiwi

kiwi kiwi kiwi kiwi kiwi

[레몬] 레먼 lemon

lemon lemon lemon lemon

lemon lemon lemon lemon

orange~pear까지

fruits를 영어 필기체로 쓰기 [3]

✽ 아래 영어 단어를 필기체로 선 따라 천천히 연필로 써 보세요.

[오렌지] 어린지 orange

orange orange orange orange

orange orange orange orange

[복숭아] 피치 peach

peach peach peach peach

peach peach peach peach

[배] 페어 pear

pear pear pear pear pear

pear pear pear pear pear

pineapple~watermelon까지
fruits를 영어 필기체로 쓰기 [4]

✽ 아래 영어 단어를 필기체로 선 따라 천천히 연필로 써 보세요.

[파인애플] 파인애플 pineapple

strawberry pineapple

pineapple pineapple

[딸기] 스토로베리 strawberry

strawberry strawberry

strawberry strawberry

[수박] 워터멜론 watermelon

watermelon watermelon

watermelon watermelon

ant~crow까지

animals를 영어 필기체로 쓰기 [1]

✽ 아래 영어 단어를 필기체로 선 따라 천천히 연필로 써 보세요.

[개미] 앤트 ant

ant ant ant ant ant ant

ant ant ant ant ant ant

[나비] 버터플라이 butterfly

butterfly butterfly butterfly

butterfly butterfly butterfly

[까마귀] 크로우 crow

crow crow crow crow crow

crow crow crow crow crow

dolphin~hippo까지

animals를 영어 필기체로 쓰기 [2]

✻ 아래 영어 단어를 필기체로 선 따라 천천히 연필로 써 보세요.

[돌고래] 돌핀 dolphin

dolphin dolphin dolphin

dolphin dolphin dolphin

[메뚜기] 그레스하퍼 grasshopper

grasshopper grasshopper

grasshopper grasshopper

[하마] 히포 hippo

hippo hippo hippo hippo

hippo hippo hippo hippo

jaguar~rabbit까지

animals를 영어 필기체로 쓰기 [3]

✽ 아래 영어 단어를 필기체로 선 따라 천천히 연필로 써 보세요.

[재규어] 재규어 jaguar

jaguar jaguar jaguar jaguar

jaguar jaguar jaguar jaguar

[코알라] 코우알라 koala

koala koala koala koala koala

koala koala koala koala koala

[토끼] 래빗 rabbit

rabbit rabbit rabbit rabbit

rabbit rabbit rabbit rabbit

snake~turtle까지

animals를 영어 필기체로 쓰기 [4]

✻ 아래 영어 단어를 필기체로 선 따라 천천히 연필로 써 보세요.

[뱀] 스네이크 snake

snake snake snake snake

snake snake snake snake

[호랑이] 타이거 tiger

tiger tiger tiger tiger tiger

tiger tiger tiger tiger tiger

[거북] 터틀 turtle

turtle turtle turtle turtle

turtle turtle turtle turtle

bean~carrot까지

vegetables를 영어 필기체로 쓰기 [1]

✲ 아래 영어 단어를 필기체로 선 따라 천천히 연필로 써 보세요.

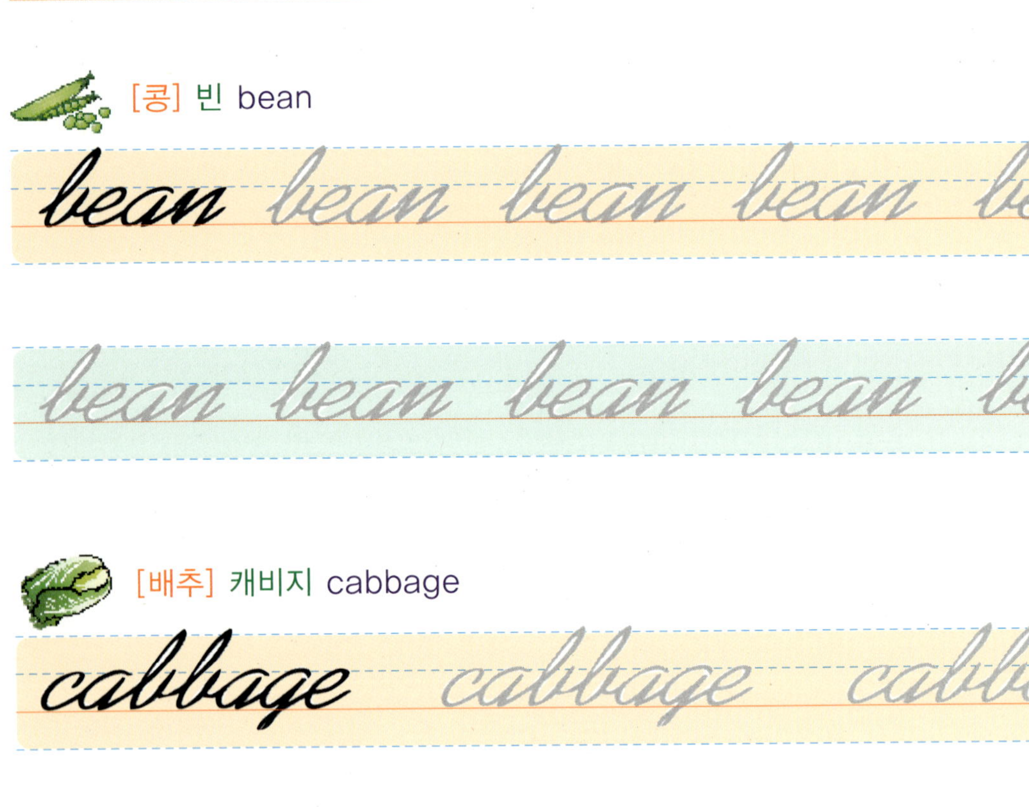

[콩] 빈 bean

bean bean bean bean bean

bean bean bean bean bean

[배추] 캐비지 cabbage

cabbage cabbage cabbage

cabbage cabbage cabbage

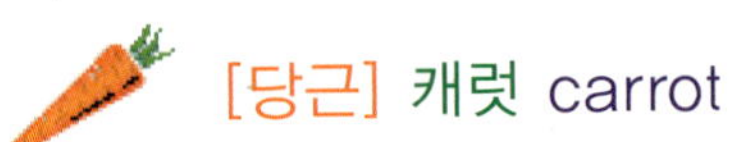

[당근] 캐럿 carrot

carrot carrot carrot carrot

carrot carrot carrot carrot

cucumber~garlic까지

vegetables를 영어 필기체로 쓰기 [2]

✽ 아래 영어 단어를 필기체로 선 따라 천천히 연필로 써 보세요.

[오이] 큐컴버 cucumber

cucumber cucumber cucumber

cucumber cucumber cucumber

[가지] 엑플랜트 eggplant

eggplant eggplant eggplant

eggplant eggplant eggplant

[마늘] 갈릭 garlic

garlic garlic garlic garlic

garlic garlic garlic garlic

mushroom~pepper까지
vegetables를 영어 필기체로 쓰기 [3]

✽ 아래 영어 단어를 필기체로 선 따라 천천히 연필로 써 보세요.

[버섯] 머쉬룸 mushroom

mushroom mushroom

mushroom mushroom

[양파] 어니언 onion

onion onion onion onion onion

onion onion onion onion onion

[고추] 페퍼 pepper

pepper pepper pepper pepper

pepper pepper pepper pepper

potato~tomato까지

vegetables를 영어 필기체로 쓰기 [4]

✻ 아래 영어 단어를 필기체로 선 따라 천천히 연필로 써 보세요.

[감자] 포토이토우 potato

[호박] 펌프킨 pumpkin

[토마토] 테메이토우 tomato

black~brown까지
colors를 영어 필기체로 쓰기 [1]

✲ 아래 영어 단어를 필기체로 선 따라 천천히 연필로 써 보세요.

[검정] 블랙 black

black black black black black

black black black black black

[파랑] 블루 blue

blue blue blue blue blue

blue blue blue blue blue

[갈색] 브라운 brown

brown brown brown brown

brown brown brown brown

gray~orange까지
colors를 영어 필기체로 쓰기 [2]

✽ 아래 영어 단어를 필기체로 선 따라 천천히 연필로 써 보세요.

[회색] 그레이 gray

gray gray gray gray gray

gray gray gray gray gray

[녹색] 그린 green

green green green green

green green green green

[주황] 어린지 orange

orange orange orange orange

orange orange orange orange

pink~red까지

colors를 영어 필기체로 쓰기 [3]

✻ 아래 영어 단어를 필기체로 선 따라 천천히 연필로 써 보세요.

[분홍] 핑크 pink

pink *pink* *pink* *pink* *pink*

pink *pink* *pink* *pink* *pink*

[자주색] 퍼플 purple

purple *purple* *purple* *purple*

purple *purple* *purple* *purple*

[빨강] 레드 red

red *red* *red* *red* *red* *red*

red *red* *red* *red* *red* *red*

white~yellow까지

colors를 영어 필기체로 쓰기 [4]

✻ 아래 영어 단어를 필기체로 선 따라 천천히 연필로 써 보세요.

[흰색] 화이트 white

white *white* *white* *white*

white *white* *white* *white*

[보라] 바이얼릿 violet

violet *violet* *violet* *violet*

violet *violet* *violet* *violet*

[노랑] 옐로우 yellow

yellow *yellow* *yellow* *yellow*

yellow *yellow* *yellow* *yellow*

angle~canada까지

알파벳 순서의 영어 단어 필기체 쓰기 [1]

아래 영어 단어를 필기체로 선 따라 천천히 연필로 써 보세요.

doctor~family까지
알파벳 순서의 영어 단어 필기체 쓰기 [2]

✻ 아래 영어 단어를 필기체로 선 따라 천천히 연필로 써 보세요.

glasses~idea까지

알파벳 순서의 영어 단어 필기체 쓰기 [3]

✲ 아래 영어 단어를 필기체로 선 따라 천천히 연필로 써 보세요.

[안경] 그래시스 glasses

glasses glasses glasses

glasses glasses glasses

[병원] 하스피틀 hospital

hospital hospital hospital

hospital hospital hospital

[생각] 아이디어 idea

idea idea idea idea idea

idea idea idea idea idea

jeans~left까지
알파벳 순서의 영어 단어 필기체 쓰기 [4]

* 아래 영어 단어를 필기체로 선 따라 천천히 연필로 써 보세요.

[바지] 진 jeans

jeans jeans jeans jeans

jeans jeans jeans jeans

[새끼 고양이] 키튼 kitten

kitten kitten kitten kitten

kitten kitten kitten kitten

[왼쪽] 레프트 left

left left left left left left

left left left left left left

march~order까지
알파벳 순서의 영어 단어 필기체 쓰기 [5]

✽ 아래 영어 단어를 필기체로 선 따라 천천히 연필로 써 보세요.

3월 [3월] 마치 march

march march march march

march march march march

[국수] 누들스 noodles

noodles noodles noodles

noodles noodles noodles

[주문] 오더 order

order order order order order

order order order order order

pine~robot까지

알파벳 순서의 영어 단어 필기체 쓰기 [6]

✽ 아래 영어 단어를 필기체로 선 따라 천천히 연필로 써 보세요.

[소나무] 파인 pine

pine pine pine pine pine

pine pine pine pine pine

[질문] 퀘스천 question

question question question

question question question

[로봇] 러벗 robot

robot robot robot robot

robot robot robot robot

soccer~umbrella까지

알파벳 순서의 영어 단어 필기체 쓰기 [7]

✻ 아래 영어 단어를 필기체로 선 따라 천천히 연필로 써 보세요.

[축구] 사커 soccer

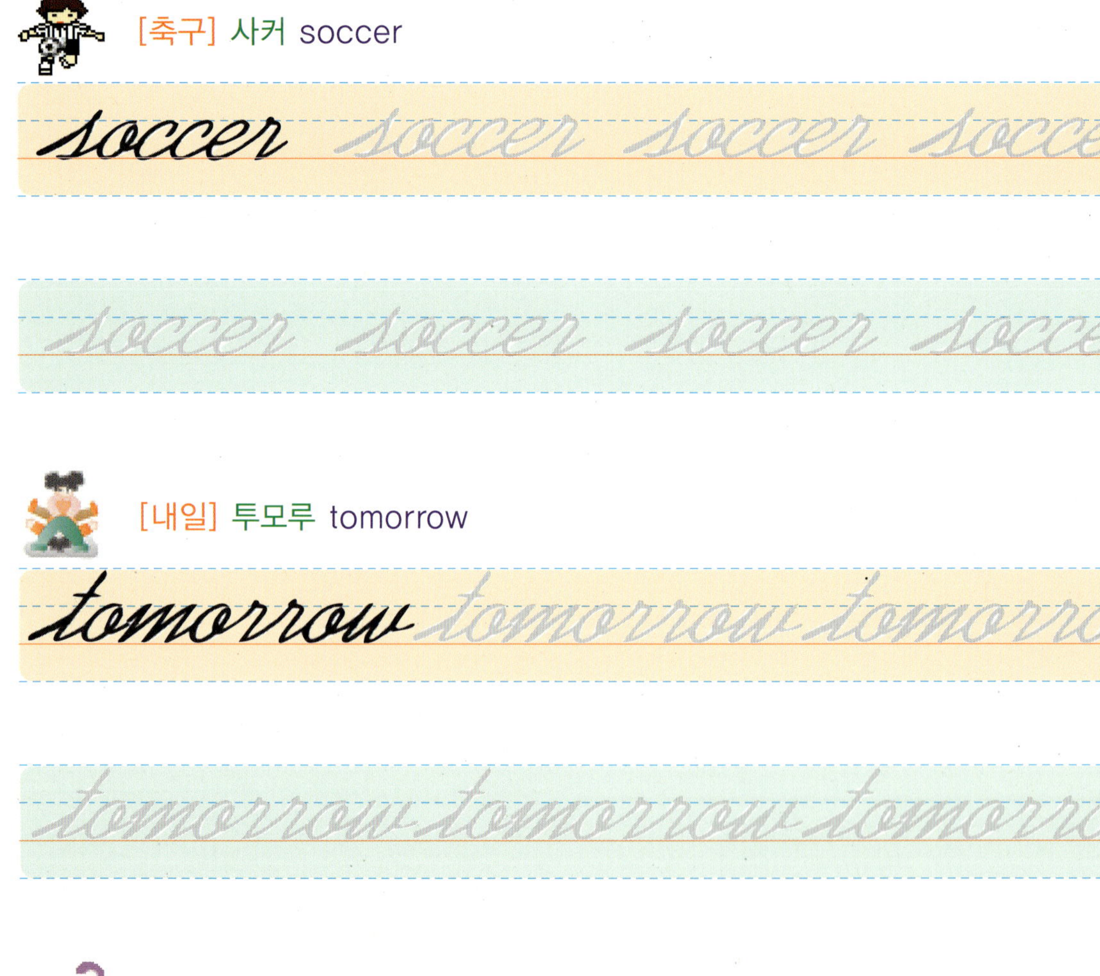

[우산] 엠부렐러 umbrella

umbrella umbrella umbrella

umbrella umbrella umbrella

vacation~xylophone까지

알파벳 순서의 영어 단어 필기체 쓰기 [8]

✽ 아래 영어 단어를 필기체로 선 따라 천천히 연필로 써 보세요.

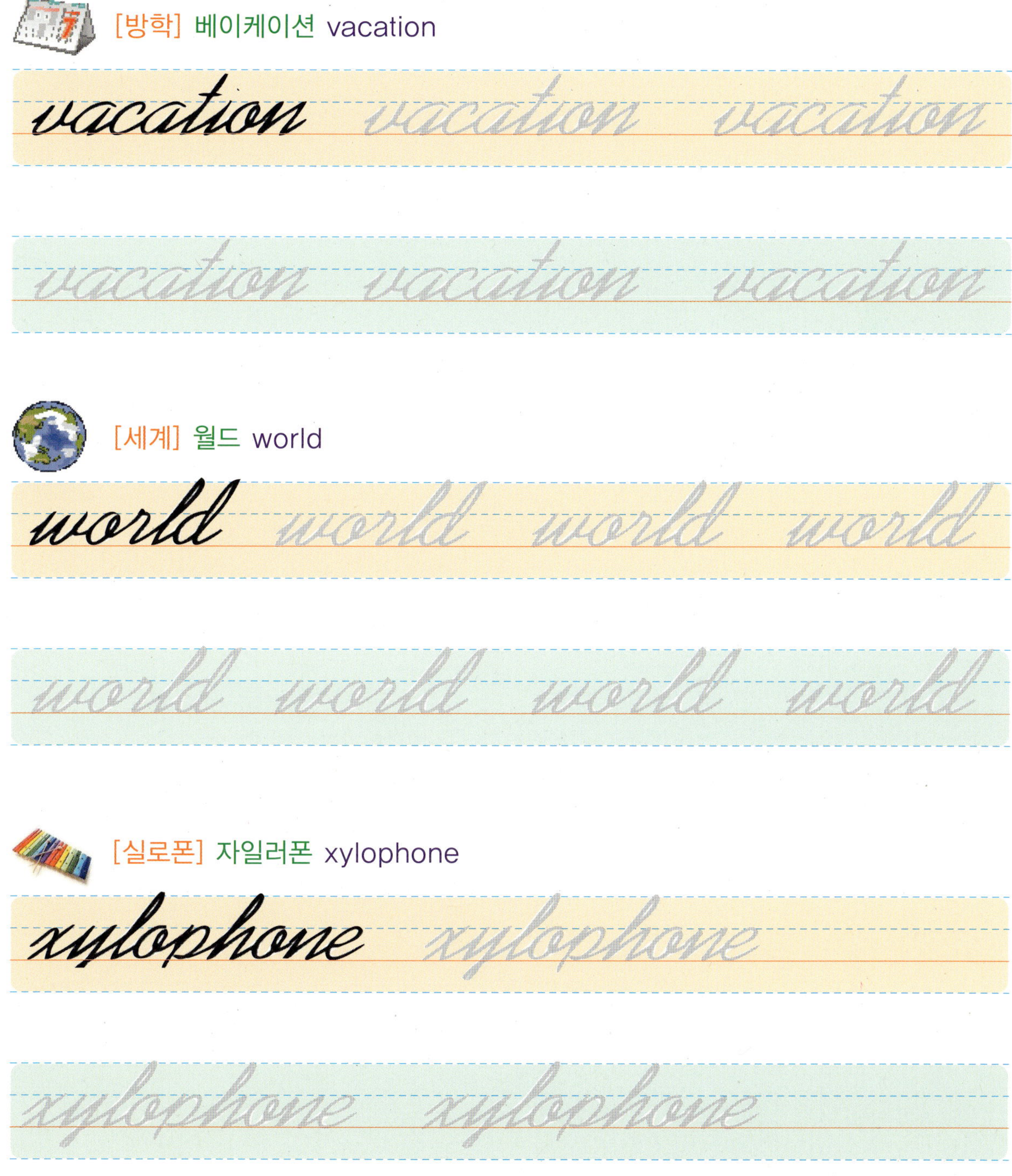

yogurt~zoo까지

알파벳 순서의 영어 단어 필기체 쓰기 [9]

✽ 아래 영어 단어를 필기체로 선 따라 천천히 연필로 써 보세요.

[요구르트] 요거트 yogurt

yogurt yogurt yogurt yogurt

yogurt yogurt yogurt yogurt

[얼룩말] 지브러 zebra

zebra zebra zebra zebra zebra

zebra zebra zebra zebra zebra

[동물원] 쥬 zoo

zoo zoo zoo zoo zoo zoo

zoo zoo zoo zoo zoo zoo

a~c 까지

알파벳 순서에 의한 영어문장 필기체 쓰기 [1]

* 아래 영어문장을 선 따라 필기체로 빠르게 연필로 써 보세요.

유 룩 라이크 언 에인절 투데이!

You look like an **angel** today!

오늘 천사 같구나!

You look like an angel today!

You look like an angel today!

웨어 이즈 더 뱅크?

Where is the **bank**?

은행이 어디입니까?

Where is the bank?

Where is the bank?

아임 프럼 캐너더.

I' m from **Canada**.

캐나다에서 왔어요.

I'm from Canada.

I'm from Canada.

d~f 까지

알파벳 순서에 의한 영어문장 필기체 쓰기 [2]

* 아래 영어문장을 선 따라 필기체로 빠르게 연필로 써 보세요.

마이 파더 이즈 어 닥터.

My father is a **doctor**.

나의 아버지는 의사이다.

My father is a doctor.

My father is a doctor.

두 유 인조이 잇?

Do you **enjoy** it?

그거 재밌어?

Do you enjoy it?

Do you enjoy it?

텔 유 패밀리 아이 세이드 헬로.

Tell your **family** I said hello.

너희 가족에게 안부인사 전해주렴.

Tell your family I said hello.

Tell your family I said hello.

g~i 까지

알파벳 순서에 의한 영어문장 필기체 쓰기 [3]

* 아래 영어문장을 선 따라 필기체로 빠르게 연필로 써 보세요.

유 해브 투 웨어 글래시스.

You have to wear **glasses**.

당신은 안경을 써야 한다.

You have to wear glasses.

You have to wear glasses.

웨어 이즈 더 하스피틀?

Where is the **hospital**?

병원이 어디입니까?

Where is the hospital?

Where is the hospital?

댓츠 어 굳 아이디어!

That's a good **idea**!

좋은 생각이야!

That's a good idea!

That's a good idea!

j~l 까지

알파벳 순서에 의한 영어문장 필기체 쓰기 [4]

* 아래 영어문장을 선 따라 필기체로 빠르게 연필로 써 보세요.

히 이즈 웨어링 히즈 진스.

He is wearing his **jeans**.

그가 청바지를 입고 있다.

He is wearing his jeans.

He is wearing his jeans.

키튼즈 아 큐트.

Kittens are cute.

새끼고양이는 귀엽다.

Kittens are cute.

Kittens are cute.

고우 투 더 레프트.

Go to the **left**.

왼쪽으로 가세요.

Go to the left.

Go to the left.

m~o 까지

알파벳 순서에 의한 영어문장 필기체 쓰기 [5]

* 아래 영어문장을 선 따라 필기체로 빠르게 연필로 써 보세요.

아이 워즈 본 인 마치.

I was born in **March**.

나는 3월에 태어났다.

I was born in March.

I was born in March.

아이 원 투 투라이 콜드 누들스 투!

I want to try cold **noodles**, too!

나도 냉면 먹어보고 싶다!

I want to try cold noodles, too!

I want to try cold noodles, too!

아이 오더드 유 어 코우크.

I **ordered** you a coke.

너의 것은 콜라로 주문했어.

I ordered you a coke.

I ordered you a coke.

p~r 까지

알파벳 순서에 의한 영어문장 필기체 쓰기 [6]

* 아래 영어문장을 선 따라 필기체로 빠르게 연필로 써 보세요.

데어 이즈 더 파인 포레스트.
There is the **pine** forest.
이곳에는 소나무 숲이 있다.

There is the pine forest.

There is the pine forest.

댓츠 어 굳 퀘스천.
That's a good **question**.
좋은 질문입니다.

That's a good question.

That's a good question.

마이 로우벗 이즈 스마트.
My **robot** is smart.
나의 로봇은 영리하다.

My robot is smart.

My robot is smart.

s~u 까지

알파벳 순서에 의한 영어문장 필기체 쓰기 [7]

＊ 아래 영어문장을 선 따라 필기체로 빠르게 연필로 써 보세요.

렛츠 플레이 사커!

Let's play **soccer**!

같이 축구하자!

Let's play soccer!

Let's play soccer!

씨 유 투모루.

See you **tomorrow**.

내일 보자.

See you tomorrow.

See you tomorrow.

왓 컬러 이즈 유어 엠브렐러?

What color is your **umbrella**?

여러분의 우산은 무슨 색깔인가요?

What color is your umbrella?

What color is your umbrella?

V~X 까지

알파벳 순서에 의한 영어문장 필기체 쓰기 [8]

* 아래 영어문장을 선 따라 필기체로 빠르게 연필로 써 보세요.

위 헤브 어 롱 베이케이션.
We have a long **vacation**.
우리에겐 긴 방학이 있다.

We have a long vacation.

We have a long vacation.

아이 원트 투 트래블 어라운드 더 월드.
I want to travel around the **world**.
나는 세계를 여행하고 싶다.

I want to travel around the world.

I want to travel around the world.

플레잉 더 쟈이러폰.
Playing the **xylophone**.
실로폰을 연주합니다.

Playing the xylophone.

Playing the xylophone.

y~z 까지

알파벳 순서에 의한 영어문장 필기체 쓰기 [9]

＊ 아래 영어문장을 선 따라 필기체로 빠르게 연필로 써 보세요.

엔조이 요거트 애프터 밀스.

Enjoy **yogurt** after Meals.

식사 후 요구르트를 먹으세요.

Enjoy yogurt after Meals.

Enjoy yogurt after Meals.

지브럴즈 헤브 나이스 스트라입스.

Zebras have nice stripes.

얼룩말은 멋진 줄무늬를 가지고 있습니다.

Zebras have nice stripes.

Zebras have nice stripes.

아이 라이크 고잉 투 더 주우.

I like going to the **zoo**.

저는 동물원에 가는 것을 좋아합니다.

I like going to the zoo.

I like going to the zoo.

한글 로마자 표기법

♣한글을 로마자로 표기하는 법을 알아 두세요.♣

1. 한글 자음의 로마자 표기는 아래와 같음.

한글자음	ㄱ	ㄴ	ㄷ	ㄹ	ㅁ	ㅂ	ㅅ	ㅇ	ㅈ	ㅊ	ㅋ	ㅌ	ㅍ	ㅎ
영문표기	g,k	n	d,t	r,l	m	b,p	s	ng	j	ch	k	t	p	h

※ 'ㄱ,ㄷ,ㅂ'은 모음 앞에서 'g,d,b'로 적고, 자음 앞이나 어말 앞에서는 'k,t,p'로 적는다.

한글쌍자음	ㄲ	ㄸ	ㅃ	ㅆ	ㅉ
영문표기	kk	tt	pp	ss	jj

2. 한글 단모음의 로마자 표기는 아래와 같음.

한글모음	ㅏ	ㅓ	ㅗ	ㅜ	ㅡ	ㅣ	ㅐ	ㅔ	ㅚ	ㅟ
영문표기	a	eo	o	u	eu	i	ae	e	oe	wi

3. 한글 이중모음의 로마자 표기는 아래와 같음.

한글모음	ㅑ	ㅕ	ㅛ	ㅠ	ㅒ	ㅖ	ㅘ	ㅙ	ㅝ	ㅞ	ㅢ
영문표기	ya	yeo	yo	yu	yae	ye	wa	wae	wo	we	ui

※ 'ㅢ'는 'ㅣ'로 소리가 나더라도 'ui'로 적는다.

한글 이름 영어 필기체로 쓰기 [1]

❖ 한글 영어이름을 연필로 선 따라 필기체로 바르게 써 보세요.

1. ㄱ [가 ga] ▶ 각 gak~gat

각 gak　간 gan　갈 gal　감 gam　갑 gap　갓 gat

gak gan gal gam gap gat

gak gan gal gam gap gat

2. ㄱ ▶ 강 gang~geol

강 gang　개 gae　객 gaek　거 geo　건 geon　걸 geol

gang gae gaek geo geon geol

gang gae gaek geo geon geol

3. ㄱ ▶ 검 geom~gyeok

검 geom　겁 geop　게 ge　겨 gyeo　격 gyeok

geom geop ge gyeo gyeok

geom geop ge gyeo gyeok

한글 이름 영어 필기체로 쓰기 [2]

❖ 한글 영어이름을 연필로 선 따라 필기체로 바르게 써 보세요.

4. ㄱ ▶ 견 gyeon~gyeop

견 gyeon 결 gyeol 겸 gyeom 겹 gyeop

gyeon gyeol gyeom gyeop

gyeon gyeol gyeom gyeop

5. ㄱ ▶ 경 gyeong~gol

경 gyeong 계 gye 고 go 곡 gok 곤 gon 골 gol

gyeong gye go gok gon gol

gyeong gye go gok gon gol

6. ㄱ ▶ 곳 got~gwak

곳 got 공 gong 곶 got 과 gwa 곽 gwak

got gong got gwa gwak

got gong got gwa gwak

한글 이름 영어 필기체로 쓰기 [3]

❖ 한글 영어이름을 연필로 선 따라 필기체로 바르게 써 보세요.

7. ㄱ ▶ 관 gwan~goe

관 gwan 괄 gwal 광 gwang 괘 gwae 괴 goe

gwan gwal gwang gwae goe

gwan gwal gwang gwae goe

8. ㄱ ▶ 굉 goeng~gul

굉 goeng 교 gyo 구 gu 국 guk 군 gun 굴 gul

goeng gyo gu guk gun gul

goeng gyo gu guk gun gul

9. ㄱ ▶ 굿 gut~gyu

굿 gut 궁 gung 권 gwon 궐 gwol 귀 gwi 규 gyu

gut gung gwon gwol gwi gyu

gut gung gwon gwol gwi gyu

한글 이름 영어 필기체로 쓰기 [4]

❖ 한글 영어이름을 연필로 선 따라 필기체로 바르게 써 보세요.

10. ㄱ ▶ 균 gyun~geun

균 gyun　　귤 gyul　　그 geu　　극 geuk　　근 geun

gyun gyul geu geuk geun

gyun gyul geu geuk geun

11. ㄱ ▶ 글 geul~gi

글 geul　　금 geum　　급 geup　　긍 geung　　기 gi

geul geum geup geung gi

geul geum geup geung gi

12. ㄱ ▶ 긴 gin~kko

긴 gin　　길 gil　　김 gim　　까 kka　　깨 kkae　　꼬 kko

gin gil gim kka kkae kko

gin gil gim kka kkae kko

한글 이름 영어 필기체로 쓰기 [5]

❖ 한글 영어이름을 연필로 선 따라 필기체로 바르게 써 보세요.

13. ㄱ ▶ 꼭 kkok~kkum

꼭 kkok　꽃 kkot　꾀 kkoe　꾸 kku　꿈 kkum

kkok kkot kkoe kku kkum

kkok kkot kkoe kku kkum

14. ㄱ ▶ 끝 kkeut~kki

끝 kkeut　끼 kki

kkeut kki kkeut kki

kkeut kki kkeut kki

15. ㄴ [나 na] ▶ 낙 nak~nang

낙 nak　난 nan　날 nal　남 nam　납 nap　낭 nang

nak nan nal nam nap nang

nak nan nal nam nap nang

한글 이름 영어 필기체로 쓰기 [6]

❖ 한글 영어이름을 연필로 선 따라 필기체로 바르게 써 보세요.

16. ㄴ ▶ 내 nae~ne

내 nae 냉 naeng 너 neo 널 neol 네 ne

nae naeng neo neol ne

nae naeng neo neol ne

17. ㄴ ▶ 녀 nyeo~nyeom

녀 nyeo 녁 nyeok 년 nyeon 념 nyeom

nyeo nyeok nyeon nyeom

nyeo nyeok nyeon nyeom

18. ㄴ ▶ 녕 nyeong~nol

녕 nyeong 노 no 녹 nok 논 non 놀 nol

nyeong no nok non nol

nyeong no nok non nol

한글 이름 영어 필기체로 쓰기 [7]

❖ 한글 영어이름을 연필로 선 따라 필기체로 바르게 써 보세요.

19. ㄴ ▶ 농 nong~neu

농 nong　뇌 noe　누 nu　눈 nun　눌 nul　느 neu

nong noe nu nun nul neu

nong noe nu nun nul neu

20. ㄴ ▶ 늑 neuk~ni

늑 neuk　늠 neum　능 neung　늬 nui　니 ni

neuk neum neung nui ni

neuk neum neung nui ni

21. ㄴ ▶ 닉 nik~nim

닉 nik　닌 nin　닐 nil　님 nim

nik nin nil nim

nik nin nil nim

영어 표기법

한글 이름 영어 필기체로 쓰기 [8]

❖ 한글 영어이름을 연필로 선 따라 필기체로 바르게 써 보세요.

22. ㄷ [다 da] ▶ 단 dan~dae

단 dan　달 dal　담 dam　답 dap　당 dang　대 dae

dan dal dam dap dang dae

dan dal dam dap dang dae

23. ㄷ ▶ 댁 gaek~don

댁 daek　더 deo　덕 deok　도 do　독 dok　돈 don

daek deo deok do dok don

daek deo deok do dok don

24. ㄷ ▶ 돌 dol~du

돌 dol　동 dong　돼 dwae　되 doe　된 doen　두 du

dol dong dwae doe doen du

dol dong dwae doe doen du

한글 이름 영어 필기체로 쓰기 [9]

❖ 한글 영어이름을 연필로 선 따라 필기체로 바르게 써 보세요.

25. ㄷ ▶ 둑 duk~deul

둑 duk　둔 dun　뒤 dwi　드 deu　득 deuk　들 deul

duk dun dwi deu deuk deul

duk dun dwi deu deuk deul

26. ㄷ ▶ 등 deung~tto

등 deung　디 di　따 tta　땅 ttang　때 ttae　또 tto

deung di tta ttang ttae tto

deung di tta ttang ttae tto

27. ㄷ ▶ 뚜 ttu~tti

뚜 ttu　뚝 ttuk　뜨 tteu　띠 tti

ttu ttuk tteu tti

ttu ttuk tteu tti

한글 이름 영어 필기체로 쓰기 [10]

❖ 한글 영어이름을 연필로 선 따라 필기체로 바르게 써 보세요.

28. ㄹ [라 ra] ▶ 락 rak~raeng

락 rak　란 ran　람 ram　랑 rang　래 rae　랭 raeng

rak ran ram rang rae raeng

rak ran ram rang rae raeng

29. ㄹ ▶ 량 ryang~ryeok

량 ryang　렁 reong　레 re　려 ryeo　력 ryeok

ryang reong re ryeo ryeok

ryang reong re ryeo ryeok

30. ㄹ ▶ 련 ryeon~ryeop

련 ryeon　렬 ryeol　렴 ryeom　렵 ryeop

ryeon ryeol ryeom ryeop

ryeon ryeol ryeom ryeop

한글 이름 영어 필기체로 쓰기 [11]

❖ 한글 영어이름을 연필로 선 따라 필기체로 바르게 써 보세요.

31. ㄹ ▶ 령 ryeong~rong

령 ryeong 례 rye 로 ro 록 rok 론 ron 롱 rong

ryeong rye ro rok ron rong

ryeong rye ro rok ron rong

32. ㄹ ▶ 뢰 roe~ryuk

뢰 roe 료 ryo 룡 ryong 루 ru 류 ryu 륙 ryuk

roe ryo ryong ru ryu ryuk

roe ryo ryong ru ryu ryuk

33. ㄹ ▶ 륜 ryun~reuk

륜 ryun 률 ryul 륭 ryung 르 reu 륵 reuk

ryun ryul ryung reu reuk

ryun ryul ryung reu reuk

한글 이름 영어 필기체로 쓰기 [12]

❖ 한글 영어이름을 연필로 선 따라 필기체로 바르게 써 보세요.

34. ㄹ ▶ 른 reun~rim

른 reun　　름 reum　　릉 reung　　리 ri　　린 rin　　림 rim

reun reum reung ri rin rim

reun reum reung ri rin rim

35. ㄹ ▶ 립 rip

립 rip

rip rip rip rip rip rip rip

rip rip rip rip rip rip rip

36. ㅁ [마 ma] ▶ 막 mak~mae

막 mak　　만 man　　말 mal　　망 mang　　매 mae

mak man mal mang mae

mak man mal mang mae

한글 이름 영어 필기체로 쓰기 [13]

❖ 한글 영어이름을 연필로 선 따라 필기체로 바르게 써 보세요.

37. ㅁ ▶ 맥 maek~meok

맥 maek 맨 maen 맹 maeng 머 meo 먹 meok

maek maen maeng meo meok

maek maen maeng meo meok

38. ㅁ ▶ 메 me~myeol

메 me 며 myeo 멱 myeok 면 myeon 멸 myeol

me myeo myeok myeon myeol

me myeo myeok myeon myeol

39. ㅁ ▶ 명 myeong~mot

명 myeong 모 mo 목 mok 몰 mol 못 mot

myeong mo mok mol mot

myeong mo mok mol mot

영어 표기법

한글 이름 영어 필기체로 쓰기 [14]

❖ 한글 영어이름을 연필로 선 따라 필기체로 바르게 써 보세요.

40. ㅁ ▶ 몽 mong~mun

몽 mong 뫼 moe 묘 myo 무 mu 묵 muk 문 mun

mong moe myo mu muk mun

mong moe myo mu muk mun

41. ㅁ ▶ 물 mul~mil

물 mul 므 meu 미 mi 민 min 밀 mil

mul meu mi min mil

mul meu mi min mil

42. ㅂ [바 ba] ▶ 박 bak~bae

박 bak 반 ban 발 bal 밥 bap 방 bang 배 bae

bak ban bal bap bang bae

bak ban bal bap bang bae

한글 이름 영어 필기체로 쓰기 [15]

❖ 한글 영어이름을 연필로 선 따라 필기체로 바르게 써 보세요.

43. ㅂ ▶ 백 baek~beom

백 baek　　뱀 baem　　버 beo　　번 beon　　벌 beol　　범 beom

baek baem beo beon beol beom

baek baem beo beon beol beom

44. ㅂ ▶ 법 beop~byeol

법 beop　　벼 byeo　　벽 byeok　　변 byeon　　별 byeol

beop byeo byeok byeon byeol

beop byeo byeok byeon byeol

45. ㅂ ▶ 병 byeong~bu

병 byeong　　보 bo　　복 bok　　본 bon　　봉 bong　　부 bu

byeong bo bok bon bong bu

byeong bo bok bon bong bu

한글 이름 영어 필기체로 쓰기 [16]

❖ 한글 영어이름을 연필로 선 따라 필기체로 바르게 써 보세요.

46. ㅂ ▶ 북 buk~bin

북 buk　분 bun　불 bul　붕 bung　비 bi　빈 bin

buk bun bul bung bi bin

buk bun bul bung bi bin

47. ㅂ ▶ 빌 bil~ppae

빌 bil　빔 bim　빙 bing　빠 ppa　빼 ppae

bil bim bing ppa ppae

bil bim bing ppa ppae

48. ㅃ ▶ 뻐 ppeo~ppi

뻐 ppeo　뽀 ppo　뿌 ppu　쁘 ppeu　삐 ppi

ppeo ppo ppu ppeu ppi

ppeo ppo ppu ppeu ppi

한글 이름 영어 필기체로 쓰기 [17]

❖ 한글 영어이름을 연필로 선 따라 필기체로 바르게 써 보세요.

49. ㅅ [사 sa] ▶ 삭 sak~sang

삭 sak　산 san　살 sal　삼 sam　삽 sap　상 sang

sak san sal sam sap sang

sak san sal sam sap sang

50. ㅅ ▶ 삳 sat~seo

삳 sat　새 sae　색 saek　생 saeng　서 seo

sat sae saek saeng seo

sat sae saek saeng seo

51. ㅅ ▶ 석 seok~seop

석 seok　선 seon　설 seol　섬 seom　섭 seop

seok seon seol seom seop

seok seon seol seom seop

한글 이름 영어 필기체로 쓰기 [18]

❖ 한글 영어이름을 연필로 선 따라 필기체로 바르게 써 보세요.

52. ㅅ ▶ 성 seong~son

성 seong 세 se 셔 syeo 소 so 속 sok 손 son

seong se syeo so sok son

seong se syeo so sok son

53. ㅅ ▶ 솔 sol~su

솔 sol 솟 sot 송 song 쇄 swae 쇠 soe 수 su

sol sot song swae soe su

sol sot song swae soe su

54. ㅅ ▶ 숙 suk~swi

숙 suk 순 sun 술 sul 숨 sum 숭 sung 쉬 swi

suk sun sul sum sung swi

suk sun sul sum sung swi

한글 이름 영어 필기체로 쓰기 [19]

❖ 한글 영어이름을 연필로 선 따라 필기체로 바르게 써 보세요.

55. ㅅ ▶ 스 seu~seung

스 seu　슬 seul　슴 seum　습 seup　승 seung

seu seul seum seup seung

seu seul seum seup seung

56. ㅅ ▶ 시 si~sip

시 si　식 sik　신 sin　실 sil　심 sim　십 sip

si sik sin sil sim sip

si sik sin sil sim sip

57. ㅅ ▶ 싱 sing~ssae

싱 sing　싸 ssa　쌍 ssang　쌔 ssae

sing ssa ssang ssae

sing ssa ssang ssae

한글 이름 영어 필기체로 쓰기 [20]

❖ 한글 영어이름을 연필로 선 따라 필기체로 바르게 써 보세요.

58. ㅆ ▶ 쏘 sso~ssi

쏘 sso　　쑥 ssuk　　씨 ssi

59. ㅇ [아 a]▶ 악 ak~ap

악 ak　　안 an　　알 al　　암 am　　압 ap　　앙 ang　　앞 ap

60. ㅇ ▶ 애 ae~yan

애 ae　　액 aek　　앵 aeng　　야 ya　　약 yak　　얀 yan

한글 이름 영어 필기체로 쓰기 [21]

❖ 한글 영어이름을 연필로 선 따라 필기체로 바르게 써 보세요.

61. ㅇ ▶ 양 yang~eom

양 yang　어 eo　억 eok　언 eon　얼 eol　엄 eom

yang eo eok eon eol eom

yang eo eok eon eol eom

62. ㅇ ▶ 업 eop~yeol

업 eop　에 e　여 yeo　역 yeok　연 yeon　열 yeol

eop e yeo yeok yeon yeol

eop e yeo yeok yeon yeol

63. ㅇ ▶ 염 yeom~ok

염 yeom　엽 yeop　영 yeong　예 ye　오 o　옥 ok

yeom yeop yeong ye o ok

yeom yeop yeong ye o ok

영어 표기법

한글 이름 영어 필기체로 쓰기 [22]

❖ 한글 영어이름을 연필로 선 따라 필기체로 바르게 써 보세요.

64. ㅇ ▶ 온 on~wal

온 on　올 ol　옴 om　옹 ong　와 wa　완 wan　왈 wal

on ol om ong wa wan wal

on ol om ong wa wan wal

65. ㅇ ▶ 왕 wang~yok

왕 wang　왜 wae　외 oe　왼 oen　요 yo　욕 yok

wang wae oe oen yo yok

wang wae oe oen yo yok

66. ㅇ ▶ 용 yong~ung

용 yong　우 u　욱 uk　운 un　울 ul　움 um　웅 ung

yong u uk un ul um ung

yong u uk un ul um ung

한글 이름 영어 필기체로 쓰기 [23]

❖ 한글 영어이름을 연필로 선 따라 필기체로 바르게 써 보세요.

67. ㅇ ▶ 워 wo~yun

워 wo　원 won　월 wol　위 wi　유 yu　육 yuk　윤 yun

wo won wol wi yu yuk yun

wo won wol wi yu yuk yun

68. ㅇ ▶ 율 yul~eul

율 yul　융 yung　윷 yut　으 eu　은 eun　을 eul

yul yung yut eu eun eul

yul yung yut eu eun eul

69. ㅇ ▶ 음 eum~ik

음 eum　읍 eup　응 eung　의 ui　이 i　익 ik

eum eup eung ui i ik

eum eup eung ui i ik

영어 표기법

한글 이름 영어 필기체로 쓰기 [24]

❖ 한글 영어이름을 연필로 선 따라 필기체로 바르게 써 보세요.

70. ㅇ ▶ 인 in~ing

인 in　　일 il　　임 im　　입 ip　　잉 ing

in il im ip ing

in il im ip ing

71. ㅈ [자 ja] ▶ 작 jak~jae

작 jak　　잔 jan　　잠 jam　　잡 jap　　장 jang　　재 jae

jak jan jam jap jang jae

jak jan jam jap jang jae

72. ㅈ ▶ 쟁 jaeng~jeol

쟁 jaeng　　저 jeo　　적 jeok　　전 jeon　　절 jeol

jaeng jeo jeok jeon jeol

jaeng jeo jeok jeon jeol

한글 이름 영어 필기체로 쓰기 [25]

❖ 한글 영어이름을 연필로 선 따라 필기체로 바르게 써 보세요.

73. ㅈ ▶ 점 jeom~jo

점 jeom 접 jeop 정 jeong 제 je 조 jo

jeom jeop jeong je jo

jeom jeop jeong je jo

74. ㅈ ▶ 족 jok~joe

족 jok 존 jon 졸 jol 종 jong 좌 jwa 죄 joe

jok jon jol jong jwa joe

jok jon jol jong jwa joe

75. ㅈ ▶ 주 ju~jwi

주 ju 죽 juk 준 jun 줄 jul 중 jung 쥐 jwi

ju juk jun jul jung jwi

ju juk jun jul jung jwi

한글 이름 영어 필기체로 쓰기 [26]

❖ 한글 영어이름을 연필로 선 따라 필기체로 바르게 써 보세요.

76. ㅈ ▶ 즈 jeu~jeup

즈 jeu 즉 jeuk 즐 jeul 즘 jeum 즙 jeup

jeu jeuk jeul jeum jeup

jeu jeuk jeul jeum jeup

77. ㅈ ▶ 증 jeung~jim

증 jeung 지 ji 직 jik 진 jin 질 jil 짐 jim

jeung ji jik jin jil jim

jeung ji jik jin jil jim

78. ㅈ ▶ 집 jip~jji

집 jip 징 jing 짜 jja 째 jjae 쪼 jjo 찌 jji

jip jing jja jjae jjo jji

jip jing jja jjae jjo jji

한글 이름 영어 필기체로 쓰기 [27]

❖ 한글 영어이름을 연필로 선 따라 필기체로 바르게 써 보세요.

79. ㅊ [차 cha] ▶ 착 chak~chang

착 chak 찬 chan 찰 chal 참 cham 창 chang

chak chan chal cham chang

chak chan chal cham chang

80. ㅊ ▶ 채 chae~cheon

채 chae 책 chaek 처 cheo 척 cheok 천 cheon

chae chaek cheo cheok cheon

chae chaek cheo cheok cheon

81. ㅊ ▶ 철 cheol~che

철 cheol 첨 cheom 첩 cheop 청 cheong 체 che

cheol cheom cheop cheong che

cheol cheom cheop cheong che

영어 표기법

한글 이름 영어 필기체로 쓰기 [28]

❖ 한글 영어이름을 연필로 선 따라 필기체로 바르게 써 보세요.

82. ㅊ ▶ 초 cho~choe

초 cho　　촉 chok　　촌 chon　　총 chong　　최 choe

cho chok chon chong choe

cho chok chon chong choe

83. ㅊ ▶ 추 chu~chum

추 chu　　축 chuk　　춘 chun　　출 chul　　춤 chum

chu chuk chun chul chum

chu chuk chun chul chum

84. ㅊ ▶ 충 chung~chik

충 cheung　　측 cheuk　　층 cheung　　치 chi　　칙 chik

chung cheuk cheung chi chik

chung cheuk cheung chi chik

한글 이름 영어 필기체로 쓰기 [29]

❖ 한글 영어이름을 연필로 선 따라 필기체로 바르게 써 보세요.

85. ㅊ ▶ 친 chin~ching

친 chin　칠 chil　침 chim　칩 chip　칭 ching

chin chil chim chip ching

chin chil chim chip ching

86. ㅋ [코 ko] ▶ 쾌 kwae~ki

쾌 kwae　크 keu　큰 keun　키 ki

kwae keu keun ki

kwae keu keun ki

87. ㅌ [타 ta] ▶ 탁 tak~tang

탁 tak　탄 tan　탈 tal　탐 tam　탑 tap　탕 tang

tak tan tal tam tap tang

tak tan tal tam tap tang

한글 이름 영어 필기체로 쓰기 [30]

❖ 한글 영어이름을 연필로 선 따라 필기체로 바르게 써 보세요.

88. ㅌ ▶ 태 tae~to

태 tae　택 taek　탱 taeng　터 teo　테 te　토 to

tae taek taeng teo te to

tae taek taeng teo te to

89. ㅌ ▶ 톤 ton~tung

톤 ton　톨 tol　통 tong　퇴 toe　투 tu　퉁 tung

ton tol tong toe tu tung

ton tol tong toe tu tung

90. ㅌ ▶ 튀 twi~ti

튀 twi　트 teu　특 teuk　틈 teum　티 ti

twi teu teuk teum ti

twi teu teuk teum ti

한글 이름 영어 필기체로 쓰기 [31]

❖ 한글 영어이름을 연필로 선 따라 필기체로 바르게 써 보세요.

91. ㅍ [파 pa] ▶ 판 pan~pe

판 pan　팔 pal　패 pae　팽 paeng　퍼 peo　페 pe

pan pal pae paeng peo pe

pan pal pae paeng peo pe

92. ㅍ ▶ 펴 pyeo~pyeong

펴 pyeo　편 pyeon　폄 pyeom　평 pyeong

pyeo pyeon pyeom pyeong

pyeo pyeon pyeom pyeong

93. ㅍ ▶ 폐 pye~pum

폐 pye　포 po　폭 pok　표 pyo　푸 pu　품 pum

pye po pok pyo pu pum

pye po pok pyo pu pum

한글 이름 영어 필기체로 쓰기 [32]

❖ 한글 영어이름을 연필로 선 따라 필기체로 바르게 써 보세요.

94. ㅍ ▶ 풍 pung~pip

풍 pung　프 peu　피 pi　픽 pik　필 pil　핍 pip

pung peu pi pik pil pip

pung peu pi pik pil pip

95. ㅎ [하 ha] ▶ 학 hak~hang

학 hak　한 han　할 hal　함 ham　합 hap　항 hang

hak han hal ham hap hang

hak han hal ham hap hang

96. ㅎ ▶ 해 hae~heo

해 hae　핵 haek　행 haeng　향 hyang　허 heo

hae haek haeng hyang heo

hae haek haeng hyang heo

한글 이름 영어 필기체로 쓰기 [33]

❖ 한글 영어이름을 연필로 선 따라 필기체로 바르게 써 보세요.

97. ㅎ ▶ 헌 heon~hyeok

헌 heon　　험 heom　　헤 he　　혀 hyeo　　혁 hyeok

heon heom he hyeo hyeok

heon heom he hyeo hyeok

98. ㅎ ▶ 현 hyeon~hyeop

현 hyeon　　혈 hyeol　　혐 hyeom　　협 hyeop

hyeon hyeol hyeom hyeop

hyeon hyeol hyeom hyeop

99. ㅎ ▶ 형 hyeong~hon

형 hyeong　　혜 hye　　호 ho　　혹 hok　　혼 hon

hyeong hye ho hok hon

hyeong hye ho hok hon

한글 이름 영어 필기체로 쓰기 [34]

❖ 한글 영어이름을 연필로 선 따라 필기체로 바르게 써 보세요.

100. ㅎ ▶ 홀 hol~hwak

홀 hol　홉 hop　홍 hong　화 hwa　확 hwak

hol hop hong hwa hwak

hol hop hong hwa hwak

101. ㅎ ▶ 환 hwan~hwaet

환 hwan　활 hwal　황 hwang　홰 hwae　횃 hwaet

hwan hwal hwang hwae hwaet

hwan hwal hwang hwae hwaet

102. ㅎ ▶ 회 hoe~hun

회 hoe　획 hoek　횡 hoeng　효 hyo　후 hu　훈 hun

hoe hoek hoeng hyo hu hun

hoe hoek hoeng hyo hu hun

한글 이름 영어 필기체로 쓰기 [35]

❖ 한글 영어이름을 연필로 선 따라 필기체로 바르게 써 보세요.

103. ㅎ ▶ 훤 hwon~hyul

훤 hwon 훼 hwe 휘 hwi 휴 hyu 휼 hyul

hwon hwe hwi hyu hyul

hwon hwe hwi hyu hyul

104. ㅎ ▶ 흉 hyung~heul

흉 hyung 흐 heu 흑 heuk 흔 heun 흘 heul

hyung heu heuk heun heul

hyung heu heuk heun heul

105. ㅎ ▶ 흠 heum~him

흠 heum 흡 heup 흥 heung 희 hui 흰 huin

heum heup heung hui huin

히 hi hi hi 힘 him him him

제시된 문장을 필기체로 멋있게 써 보기 [1]

❖ 아래 필기체 영어 문장을 선 따라 천천히 연필로 써 보세요.

I[아이] was[워즈] deeply[디플리] impressed[임프레스드]

I was deeply impressed

by[바이] your[우어] imagination[이메지네이션]

by your imagination

and[엔] creativity[크리어티비티]

and creativity,

Wishing[위싱] you[유] all[올] the[더] best[베스트]

Wishing you all the best

in[인] the[더] future[퓨쳐]

in the future

제시된 문장을 필기체로 멋있게 써 보기 [2]

❖ 아래 필기체 영어 문장을 선 따라 천천히 연필로 써 보세요.

I[아이] was[워즈] deeply[디플리] impressed[임프레스드]

I was deeply impressed

by[바이] your[유어] imagination[이메지네이션]

by your imagination

and[엔] creativity[크리어티비티]

and creativity,

Wishing[위싱] you[유] all[올] the[더] best[베스트]

Wishing you all the best

in[인] the[더] future[퓨쳐]

in the future

제시된 문장을 보면서 필기체로 직접 써 보기 [3]

❖ 아래 영어 문장을 보면서 천천히 필기체로 예쁘게 써 보세요.

I[아이] was[워즈] deeply[디플리] impressed[임프레스드]

by[바이] your[우어] imagination[이메지네이션]

and[엔] creativity[크리어티비티]

Wishing[위싱] you[유] all[올] the[더] best[베스트]

in[인] the[더] future[퓨쳐]

[위 내용 해석]

저는 당신의 상상력과 창의성에 깊은 감동을 받았으며,
향후 귀하께 행운이 함께하길 기원합니다.

1 영어 알파벳 인쇄체 대문자 따라 쓰기

❖ 아래 영어 알파벳을 쓰기 순서에 따라 연필로 천천히 써 보세요.

[알파벳 A~I까지 쓰기 1]

A B C D E F G H I

[알파벳 A~I까지 쓰기 2]

A B C D E F G H I

[알파벳 A~I까지 쓰기 3]

A B C D E F G H I

[알파벳 J~R까지 쓰기 1]

J K L M N O P Q R

[알파벳 J~R까지 쓰기 2]

J K L M N O P Q R

[알파벳 J~R까지 쓰기 3]

J K L M N O P Q R

2 영어 알파벳 인쇄체 대문자 따라 쓰기

❖ 아래 영어 알파벳을 쓰기 순서에 따라 연필로 천천히 써 보세요.

[알파벳 S~Z까지 쓰기 1]

S T U V W X Y Z

[알파벳 S~Z까지 쓰기 2]

S T U V W X Y Z

[알파벳 S~Z까지 쓰기 3]

S T U V W X Y Z

[알파벳 A~Z까지 연속 쓰기]

A B C D E F G H I

J K L M N O P Q R

S T U V W X Y Z

1 영어 알파벳 인쇄체 소문자 따라 쓰기

❖ 아래 영어 알파벳을 쓰기 순서에 따라 연필로 천천히 써 보세요.

[알파벳 a~i까지 쓰기 1]

a b c d e f g h i

[알파벳 a~i까지 쓰기 2]

a b c d e f g h i

[알파벳 a~i까지 쓰기 3]

a b c d e f g h i

[알파벳 j~k까지 쓰기 1]

j k l m n o p q r

[알파벳 j~k까지 쓰기 2]

j k l m n o p q r

[알파벳 j~k까지 쓰기 3]

j k l m n o p q r

2 영어 알파벳 인쇄체 소문자 따라 쓰기

❖ 아래 영어 알파벳을 쓰기 순서에 따라 연필로 천천히 써 보세요.

[알파벳 s~z까지 쓰기 1]

s t u v w x y z

[알파벳 s~z까지 쓰기 2]

s t u v w x y z

[알파벳 s~z까지 쓰기 3]

s t u v w x y z

[알파벳 a~z까지 연속 쓰기]

a b c d e f g h i

j k l m n o p q r

s t u v w x y z

두뇌개발과 사고력 향상을 위한 필기체 손글씨!

대통령 명품영어 필기체 연필로 따라 쓰기

정가 12,000원

2016년 1월 25일 인쇄

2016년 1월 30일 발행

저　자 : 손 동 조

발행인 : 이 명 훈

발행처 : 남양문화

151-011 서울 관악구 신원동 1627-15
전화 : 864-9152~3
FAX : 864-9156
등록 : 제3-489